Inhalt

Integrierte Kommunikation - Noch immer keine Selbstverständlichkeit

Kernthesen

Beitrag

Fallbeispiele

Weiterführende Literatur

Impressum

Integrierte Kommunikation - Noch immer keine Selbstverständlichkeit

E.Krug

Kernthesen

- In vielen Unternehmen kann von einer konsequenten integrierten Kommunikation, die dem heutigen Zeitgeist entsprechen würde, noch lange keine Rede sein. (1), (2)
- Nicht nur ein hohes Maß an Zentralisierung, sondern auch die Verzahnung von interner und externer Kommunikation sind Grundvoraussetzungen für eine funktionierende integrierte

Kommunikation. (1), (3)
- Barrieren, wie ein zu großer Koordinationsaufwand, komplizierte Erfolgskontrollen, festgefahrene Strukturen des Unternehmens, fehlende Zielformulierungen, der Mangel an Konzepten oder Entscheidungs- und Abstimmungsregeln, erschweren die Umsetzung einer erfolgreichen integrierten Kommunikation. (1), (4)

Beitrag

Integrierte Kommunikation, sprich, die Integration und zentrale einheitliche Vernetzung und Steuerung von internen und externen Kommunikationskanälen eines Unternehmens, ist heute wichtiger denn je, um die Vielfältigkeit der Kommunikationsmittel zu einer effizienten Gesamtkommunikation zusammenzuführen. Die Wirklichkeit sieht anders aus, da sowohl die interne als auch externe Kommunikation teilweise immer noch sehr kontrovers verläuft, was Zusatzkosten im Marketing und im Vertrieb verursacht. (1), (3), (4), (5)

Was ist bei der Umsetzung

integrierter Kommunikation zu bedenken?

Heterogene Zielgruppen, hoher Effizienzdruck sowie der zunehmende Wettbewerb im Bereich Kommunikation erfordern Maßnahmen. Integrierte Kommunikation ist hier mehr als gefragt, um Widersprüche in den Aussagen, unzureichende und einseitige Informationen etc. interner und externer Art zu vermeiden, da diese häufig zu starken Verwirrungen führen und im Endeffekt der Marke und dem Firmenimage massiv schaden könnten. Vorraussetzung für eine konsequente integrierte Kommunikation ist, dass nicht nur die Instrumente, sondern auch die Inhalte und die Botschaften integriert werden. Erst genau dieselben Botschaften, die ständig wiederholt über die unterschiedlichsten Kanäle kommuniziert werden, schaffen hohe Erinnerungswerte bei den Zielgruppen.
Bisher wurde in erster Linie angenommen, dass die Integration externer Kommunikationskanäle in der Branche höchste Priorität hat. Laut einer Studie allerdings, die von dem Agenturennetzwerk brands bond in Auftrag gegeben wurde, sehen 56% der befragten Marketingentscheider die größte Dringlichkeit im Zusammenspiel von externer und interner Kommunikation.
Dazu ist intern ein hohes Maß an gemeinsamer

eindeutiger Information und gemeinsamen Wissens nötig. Durch entsprechende Möglichkeiten der Verbreitung und Mitteilung gehört die nötige Transparenz zu den Grundvoraussetzungen, die eine integrierte Kommunikation erst möglich machen. Damit diese Art der Unternehmenskommunikation wirklich effektiv zum Einsatz kommt, bedarf es allerdings vor allem einer klaren zentralen Steuerung. (1), (3)

Warum ist die konsequente Integration aller Kommunikationselemente für ein Unternehmen so wichtig?

Die Vorteile liegen auf der Hand. So verbessert sich durch integrierte Kommunikation nicht nur die Wettbewerbsfähigkeit eines Unternehmens, sondern auch die Möglichkeit, die Ressourcen zu optimieren. Unnötige Zusatzkosten in Marketing und Vertrieb können vermieden werden, was sich zurzeit bei den gekürzten Marketingbudgets mehr als positiv auswirkt.
Durch eine zentrale Steuerung des Etats der unterschiedlichen Bereiche der Unternehmenskommunikation können die einzelnen

Kommunikationsaktivitäten besser aufeinander abgestimmt und bei gleichem Budget die Wirksamkeit deutlich gesteigert werden.
Im Endeffekt können also durch eine umfassende Integration der Kommunikationselemente bei einem festgesetzten Budget größere Erfolge erlangt oder bei klar abgrenzten Zielen merklich Mittel eingespart werden. Durch Studien konnte gezeigt werden, dass bei konsequenter integrierter Kommunikation die definierten Ziele sich mit einem deutlich geringeren Mitteleinsatz erreichen lassen. (1), (4), (6)

Warum also ist für viele Unternehmen integrierte Kommunikation noch nicht zur Selbstverständlichkeit geworden?

Da gibt es z.B. das Problem, dass die einzelnen Kommunikationsbereiche sich nicht gern in die Karten schauen lassen wollen und deshalb zum Teil sogar entgegengesetzt wirken. Das begründet sich nicht zuletzt in der Eitelkeit oder auch in der Angst, Macht zu verlieren. Das so genannte Silodenken (wichtig ist nur die eigene Abteilung, nicht das Unternehmen als Gesamtheit) oder das Einbehalten von Ideen sind mehr als hinderlich für eine integrierte

Kommunikation. Oft sprechen die einzelnen Bereiche auch unterschiedliche Sprachen, da ihnen das gegenseitige Verständnis fehlt und kommunizieren deshalb auf unterschiedlichen Ebenen. Nicht selten beeinträchtigen über Jahre gewachsene Strukturen einen sinnvollen Informationsfluss zwischen den Entscheidungsträgern eines Unternehmens.
Darüber hinaus fehlen meist Konzepte für eine konsequente integrierte Kommunikation. Häufig sogar ist man unterschiedlichster Meinung, was sich im Eigentlichen hinter dem Begriff integrierte Kommunikation verbirgt.
Die Tatsache, dass sehr viele Unternehmen mit den unterschiedlichsten Agenturen zusammenarbeiten, erschwert die Umsetzung einer integrierten Kommunikation zusätzlich. Die verschiedenen Agenturen kommunizieren kaum miteinander und sind schon gar nicht vernetzt. Ebenso wenig sind die Unternehmen mit den Agenturen vernetzt. Der Informationsfluss ist äußerst gering und bezieht sich meist nur auf die einzelnen Projekte. Es handelt sich hier vielmehr um ein Puzzle, als um ein Gesamtbild. Die Gesamtsituation ist also noch etwas kritisch. Crossmedia-Aktivitäten z.B., wie sie momentan in vielen Marketingkonzepten Einzug halten, sind allein noch keine konsequente integrierte Kommunikation.
(1), (4)

Fallbeispiele

Beispiel für Hilfsmittel der Integration

Brand Book: Im Brand Book werden alle Mitarbeiter über die Kernpunkte der Markenphilosophie des Unternehmens übersichtlich und nachvollziehbar unterrichtet, über welche Kanäle die Marke in Szene zu setzen ist und welches Umfeld für sie passend ist. Website für die Kommunikationsentscheider: Eine gemeinsame Plattform im Intranet gewährleistet den gleichen Informationsstand aller Beteiligten und gibt Abstimmungs- und Entscheidungsregeln vor. Mit Hilfe einer Checkliste werden die Konsistenz der Botschaften und die Ansprache der Zielgruppen sichergestellt. Um sich über alle Projekte der Abteilungen informieren zu können, haben auch die Agenturen Zugang zur Website.

Brand Board: Ein Gremium aus zwei bis drei Entscheidern des Unternehmens und Vertretern von zwei, drei Agenturen tagt regelmäßig, um die Kommunikation zentral zu steuern und zu prüfen, ob sich das Unternehmen auf dem Weg zu definierten Zielen befindet und welche Unterstützungen noch notwendig sind. (1)

Integrierte Kommunikation am Beispiel SAP

Herbert Heitmann leitet ein internationales Team, das für alle Bereiche, wie interne Kommunikation über Unternehmens- und Produkt-PR bis hin zu Investor-Relation zuständig ist. Auch er berichtet, wie sein Marketingkollege in den USA an den Vorstandschef Henning Kagermann. Die Abteilungen hier und in Amerika arbeiten eng zusammen. Um die Aktionen zu koordinieren ist eigens eine Mitarbeiterin ausschließlich dafür zuständig. (2)

Weiterführende Literatur

(1) Kaminski, Mirko / Hans, Thomas, Orchester ohne Dirigent, acquisa, Heft 11, 2003, S. 26
aus werben & verkaufen Nr. 47 vom 21.11.2003 Seite 094

(2) Keine klare Linie Ob Allianz, Telekom oder Deutsche Bahn: Unternehmen wollen

Kommunikation aus einem Guss. Doch oft klaffen Werbung, PR und übrige Auftritte weit auseinander.
aus Capital vom 13.11.2003, Seite 50

(3) Modell zur Vernetzung
aus HORIZONT 42 vom 16.10.2003 Seite 079

(4) Kommunikation: Alles unter einem Dach Pressearbeit gewinnt an Bedeutung
aus WirtschaftsBlatt, 29.11.2003, Nr. 2007, S. 127

(5) WERBETRÄGER IM VERGLEICH Gute Argumente für die Zeitung
aus werben & verkaufen Nr. 46 Supplement BDZV Marken, Märkte & Methoden vom 14.11.2003 Seite 019

(6) Kommunikation live statt Party
aus HORIZONT 45 vom 06.11.2003 Seite 031

(7) Consulting bleibt Beiboot
aus HORIZONT 44 vom 30.10.2003 Seite 031

Impressum

Integrierte Kommunikation - Noch immer keine Selbstverständlichkeit

Bibliografische Information der deutschen Nationalbibliothek

Die Deutsche Nationalbibliothek verzeichnet diese Publikation in der deutschen Nationalbibliografie; detaillierte bibliografische Daten sind im Internet über http://dnb.d-nb.de abrufbar.

ISBN: 978-3-7379-0698-2

© 2015 GBI-Genios Deutsche Wirtschaftsdatenbank GmbH, Freischützstraße 96, 81927 München, www.genios.de

Alle Rechte vorbehalten. Dieses Werk ist einschließlich aller seiner Teile – z.B. Texte, Tabellen und Grafiken - urheberrechtlich geschützt. Jede Verwertung außerhalb der Grenzen des Urheberrechtsgesetzes bedarf der vorherigen Zustimmung des Verlags. Dies gilt insbesondere auch für auszugsweise Nachdrucke, fotomechanische

Vervielfältigungen (Fotokopie/Mikroskopie), Übersetzungen, Auswertungen durch Datenbanken oder ähnliche Einrichtungen und die Einspeicherung und Verarbeitung in elektronischen Systemen.